LE PLAN DE LA FRANC-MAÇONNERIE

EN ITALIE ET EN FRANCE

Le Plan

de la

Franc-Maçonnerie

en Italie et en France

d'après de nombreux témoignages

ou

la Clef de l'Histoire

depuis 40 ans

Par LÉON DEHON

DOCTEUR EN DROIT ET EN THÉOLOGIE

PARIS

P. LETHIELLEUX, LIBRAIRE-ÉDITEUR

10, RUE CASSETTE, 10

PRÉFACE

L'occasion de cette étude est un des grands
faits de l'histoire contemporaine : la loi Briand
et l'échec que lui a infligé la fermeté de Pie X.

Nous croyons pouvoir établir, par des faits et
des documents certains, que le plan de la maçonnerie est le même en France et en Italie ; que la
loi Briand était un des aboutissants de ce plan ;
que cette loi devait préparer la ruine de l'Église
par la destruction de sa hiérarchie et par sa
division en groupes nationaux analogues aux
Églises protestantes.

Quarante années d'efforts et de travaux, soit
publics, soit secrets, avaient préparé cette loi.

Beaucoup de nos catholiques ignoraient cela
et se seraient laissé prendre.

Pie X a vu clair et, d'un geste énergique, il a

conjuré le péril. Nous devons l'en bénir et remercier Dieu, qui l'a assisté.

Nous avancerons pas à pas en montrant l'action incessante des Loges et en signalant leur dessein secret, révélé plusieurs fois, soit ouvertement soit à demi-mot, par **leurs organes** les plus marquants.

Nous pensons que les documents nouveaux apportés dans cette controverse seront une révélation pour beaucoup de nos lecteurs et qu'ils trancheront définitivement une question qui a trop divisé les catholiques.

Mais ce travail a un autre but encore, c'est d'éveiller l'attention des catholiques sur le plan de l'ennemi. La défense ne doit-elle pas toujours se régler sur l'attaque? Avertis des projets de nos adversaires, nous saurons de quel côté il faut nous mettre en garde et renforcer notre action.

PREMIÈRE PARTIE

EN ITALIE

PREMIÈRE PARTIE

EN ITALIE

I. — Les commencements de la lutte contre l'Église au milieu du XIXe siècle.

Au premier rang des promoteurs et organisateurs de la lutte contre la tradition et contre la situation de l'Église en Italie, il faut mettre Cavour, Minghetti, Mamiani. Ce sont les héros qui trônent aujourd'hui sur les places de Rome.

Cavour avait fondé le *Risorgimento* dès 1847. Il fut ministre de 1850 à 1861. Il a résumé toute sa campagne politique relativement à l'Église dans sa formule célèbre et insidieuse : *L'Église libre dans l'État libre.*

C'était un euphémisme. Cavour était le théoricien des sociétés secrètes dont le but manifeste était d'asservir l'Église à l'État et de la réduire à la moindre vitalité possible.

L'esprit italien est logicien et raisonneur. Il se ressent de l'influence séculaire de la scolastique qui a formé tous les hommes cultivés au delà des Alpes jusqu'à ces dernières années.

Il fallait présenter au peuple italien un principe capable de séduire les esprits et de les déterminer à l'action.

Voici ce que trouvèrent Cavour et ses amis comme axiomes nouveaux :

1° L'Église n'a qu'un but spirituel et un pouvoir moral. C'est l'État qui est le maître du temporel. Le pouvoir temporel du Pape n'a donc pu être qu'une chose accidentelle, bonne pour les temps troublés du moyen-âge et incompatible avec le progrès et les aspirations modernes ;

2° La liberté de conscience est un principe fondamental. Les citoyens sont libres de s'agréger à telle ou telle société religieuse, comme ils s'agrègent à d'autres associations. Les établissements religieux sont donc des établissements *privés*, sur lesquels l'État a toute autorité comme sur toutes les associations qui vivent dans son sein.

On concluait à la suppression du pouvoir temporel du Pape, à la sujétion des établissements religieux et à l'administration de leurs biens par des laïques, sous la surveillance de l'État.

C'est sur ce terrain que la lutte est engagée depuis 1848.

L'esprit nouveau a déjà remporté bien des victoires en Italie. Il lui reste à réaliser les *associations cultuelles*, qui dans la pensée des Loges conduiront à une sorte de protestantisme avec des Églises nationales dépendantes de l'État.

La Constitution piémontaise de 1848, le *Statuto* de Charles-Albert, reconnaît encore le droit ancien. La religion catholique est déclarée religion de l'État. L'Église est encore tenue pour un pouvoir public, marchant de pair avec l'État et même le dominant.

Mais les esprits libéraux arrivent au pouvoir. Cavour est député en 1849 et ministre de 1850 à 1861. Une série de décrets et de lois vont battre en brèche le principe du *Statuto*, de 1848 à 1860 et ces lois, qui amoindrissent graduellement la situation de l'Église, seront ensuite appliquées aux provinces annexées.

Mamiani est plus avancé ou moins prudent que Cavour. Il a pris part au mouvement révolutionnaire de la Romagne. Il est membre influent des sociétés secrètes. Son livre sur « La théorie de la religion et de l'État » aidera à la propagation des idées nouvelles.

II. — LE MOUVEMENT D'IDÉES DE 1855, SOUS L'IMPULSION DE MINGHETTI.

En 1855, Minghetti publie ses lettres au professeur Ferranti de Bologne sur la séparation de l'Église avec l'État. Ces lettres sont écrites dans un style académique. L'argumentation en est subtile. Leur apparition est un événement. Elle met en émoi tout le monde catholique.

Minghetti déclare qu'on peut encore s'en tenir aux concordats comme *moyen provisoire,* mais que l'avenir est à la complète liberté et à la séparation (*Opuscoli litterarii*, page 252).

Deux volumes paraissent presque en même temps :

Boggio : *la Séparation de l'Église et de l'État*. Turin, 1854 ;

Margotti : *la Séparation*. Turin, 1855.

La question de la séparation est posée en Italie, trente ans avant de l'être en France.

Toute l'Italie l'étudie et la discute. Bientôt elle se précisera dans le sens des lois Briand. Et nos catholiques ignorent tout cela et pensent que le projet Briand a pris le Saint-Siège au dépourvu !

III. — Première apparition du projet d'associations cultuelles. Projet de loi Minghetti, 1864.

Voici un fait capital pour notre étude ; c'est le projet d'*associations cultuelles* lancé par Minghetti en 1864 au parlement de Turin. L'auteur, affilié aux Loges, prévoyait déjà la conséquence de ces associations dans l'avenir : l'élection des curés et des évêques et une soi-disant réforme de l'Église.

Voici l'aveu de Minghetti dans son livre *l'État et l'Église* publié en 1878 : « J'ai indiqué ailleurs, dit-il (c'est dans son rapport au parlement sur le projet de loi), comment, depuis 1865 déjà, une commission parlementaire avait songé à établir des *congrégations diocésaines et paroissiales* (c'est le nom des *associations cultuelles* en Italie), pour administrer les biens destinés aux traitements des prêtres, aux frais du culte et des choses sacrées. Malheureusement l'opinion publique était peu préparée à cette réforme, et beaucoup trop attachée à ses vieilles idées. Je ne sais si elle est tout à fait mûre aujourd'hui (1878) ; mais *sans s'écarter du but*, on peut user de *certains tempéraments*. Selon moi, les bénéfices ecclésiastiques ne sont plus compatibles avec l'organisation générale de la propriété ni avec les relations civiles de notre temps. En outre, et j'aime à le répéter, je tiens pour certain que le *principe électif* est essentiel à la durée et à la prospérité de toute association ou corporation. Pour durer, il leur faut trouver en elles-mêmes le moteur de leur propre réforme, ou de leur *rénovation* (le *rinnovamento* était déjà à la mode). Ainsi les règles auxquelles nous devrions nous conformer dans la loi à établir seraient, à mon avis, la séparation du bénéfice et de la fonction,

la création de *congrégations électives et respon-
sables* (les *cultuelles*) pour administrer les biens
ecclésiastiques, payer les ministres de l'Église,
et subvenir aux frais des édifices du culte et des
choses sacrées, *un compte rendu public* de cette
administration, une *haute surveillance confiée
aux tribunaux*, auxquels auraient le droit de
recourir les ministres du culte, les *fidèles* et en
général tous ceux qui ont intérêt à la conserva-
tion du patrimoine et au bon emploi des
revenus du clergé. » (C'est du Briand tout
pur.)...

Il continue : « Il est évident qu'avec le principe électif dans les congrégations (*associations
cultuelles*), avec l'administration qui leur serait
confiée, le *germe de la réforme* serait jeté, la
voie serait ouverte aux laïques et au clergé
pour obtenir, aussi bien dans *l'ordre spirituel*
que dans *l'ordre temporel* de l'Église, les *trans-
formations* en harmonie avec les besoins des
consciences et la nécessité des temps[1]. » (Voilà
le bout de l'oreille : c'est la démocratie dans
l'Église, contrairement à l'institution divine.)

1. Pages 178-179 dans la traduction française.

IV. — Minghetti a prévu le *Non possumus* du Pape.

Mais Minghetti était plus avisé que Briand, il a prévu le *Non possumus* du Pape.

« Une difficulté pratique, dit-il, pourrait surgir, si la hiérarchie catholique voyait dans la création de ces congrégations (cultuelles) un acte de violence et de spoliation, et si les laïques eux-mêmes refusaient pour ce motif d'assumer l'ingérence et le droit qu'on voudrait leur concéder. »

Minghetti prévoit que cela retarderait la réalisation de son idéal, « l'élection des curés et des évêques, d'où sortira toute réforme ultérieure... »

— Toujours l'idéal des Loges : hiérarchie élue, Église réformée et nationalisée, nouveau protestantisme ; c'est là que doivent conduire les associations cultuelles. (*L'État et l'Église*, chap. IV.)

Lire sur le même sujet : Rosmini : *Due lettere sulla elezione dei vescovi o clero e popolo.*

V. — La polémique autour du projet de Minghetti.

C'est toute une littérature, comme on dit aujourd'hui, toute une avalanche d'articles de journaux et de livres que provoqua le projet de Minghetti pendant quelques années.

Citons quelques auteurs :

Cantù : *L'Église et l'État.* Gênes, 1867.

Rimenesi : *L'Église et l'État.* Turin, 1865.

Luciani : *L'Église libre dans l'État libre.* Naples.

De Rinaldis : *L'Église libre dans l'État libre.* Turin, 1861.

Boncompagni : *L'Église et l'État en Italie.* Florence, 1866.

Luzzati : *L'État et l'Église.* Milan, 1867.

Sarnelli : *Autonomie de l'Église.* Naples, 1868.

Pierantoni : *L'Église catholique dans le droit commun.* Forence, 1870.

Bonghi : *L'Église libre.* 1870.

Liberatore : *L'Église et l'État.* Naples, 1871.

J'en pourrais citer d'autres pour l'intervalle de 1871 à 1885.

Que dites-vous de cette bataille ?

Ne voyez-vous pas que personne en Italie n'y est resté étranger ? C'est un duel général entre l'Église et l'État, ou du moins entre les défenseurs du droit ecclésiastique et les protagonistes du droit nouveau.

La lutte est vive partout, à Rome, à Turin, à Milan, à Gênes, à Naples.

Et l'on vient nous dire que le Saint-Siège est pris au dépourvu en 1905 ! Il faut ignorer à fond les choses d'Italie.

VI. — Le Syllabus de Pie IX porte un coup mortel au projet de Minghetti.

C'est en décembre 1864, quand le comte Cavour et Minghetti préparaient à Turin ces lois perfides et contraires aux droits sacrés de l'Église, que Pie IX lança son Encyclique *Quanta cura* avec le *Syllabus*.

La condamnation pontificale foudroyait tout le *droit nouveau*, celui de Cavour comme celui que devait inventer Briand.

Proposition 19. C'est une erreur, dit Pie IX,

de prétendre que l'Église n'est pas une société libre et complète avec ses droits propres et indépendants de l'État.

Prop. 26 et 27. C'est une erreur de prétendre que l'Église n'a pas le droit d'acquérir et de posséder, et qu'il faut exclure le Pape et les clercs du domaine et de l'administration des choses temporelles.

(Adieu donc les associations cultuelles basées sur **ce faux** principe que les clercs n'ont pas droit à posséder **et à gérer les** biens ecclésiastiques.)

Prop. 43. C'est une erreur de dire que la puissance laïque peut de son plein gré détruire le concordat sans le consentement de l'Église.

(Adieu donc la séparation de l'Église et de l'État telle que la veulent les Cavour, les Minghetti et les Briand.)

Prop. 53. C'est une erreur de dire que les lois civiles peuvent détruire les ordres religieux, supprimer les chapitres et les bénéfices simples, s'arroger leurs biens et les soumettre à *l'administration du pouvoir civil.*

— Voilà des coups droits portés à toutes les usurpations récentes.

Ce coup de foudre fit reculer Minghetti et son projet d'associations cultuelles.

— Pie X pouvait-il penser autrement que Pie IX ?

Notons cependant que si le législateur piémontais n'osa pas encore toucher aux évêchés et aux paroisses en 1865, il amorça cependant la destruction de la juridiction ecclésiastique en décrétant la spoliation de tous les couvents en 1866.

Tous les monastères ont été supprimés comme *personnes civiles*. Plusieurs se sont reconstitués sous le droit commun... en attendant peut-être une nouvelle spoliation.

La même loi a été appliquée à Rome en 1873.

VII.— La loi des garanties de 1871 et ses promesses.

La loi dite *des garanties*, du 13 mai 1871, accorde au Pape une position juridique exceptionnelle. Il n'est sujet d'aucun État, pas même de l'Italie. C'est, disent les auteurs maçonniques, une nécessité *temporaire*, à cause des rapports internationaux, mais cette nécessité disparaîtra le jour où l'Église prendra partout un caractère purement national, *en se subdivisant en autant d'Églises qu'il y a de peuples*. (Olmo, *Diritto ecclesiastico*, p. 79.)

Voilà l'idéal maçonnique.

Cette fameuse loi de 1871, dans son article 18, a promis une loi postérieure sur la réorganisation de la propriété ecclésiastique.

Cette loi nouvelle, qui devait réaliser l'idéal maçonnique, l'Italie, en trente-sept ans, n'est pas encore parvenue à la faire. M. Briand l'a faite pour la France en 1905.

Plusieurs fois l'Italie a essayé. Il y a eu des commissions nommées par décret royal et des projets de loi préparés. (C'étaient comme les préludes de la loi Briand.) Rien n'a encore abouti en Italie.

Si le Pape avait accepté la loi Briand, l'Italie se serait jetée sur ce précédent pour le copier immédiatement.

Voilà ce qu'ignorent ceux de nos catholiques, qui regrettent que le Pape n'ait pas accepté la loi.

Cette promesse d'une loi à faire, contenue dans la loi des Garanties, est l'épée de Damoclès pour l'Église. Il y a là une menace qui se ravive fréquemment, un projet qui revient constamment à flot.

Une commission royale nommée en 1871 n'a pas abouti.

Un projet Depretis, qui introduisait l'élément laïque dans l'administration des biens en 1876, n'a pas non plus donné de résultat.

Cependant un beau jour la loi se fera.

Dans quel sens se fera-t-elle ? Il y a fort à craindre qu'elle se fasse selon l'esprit nouveau.

Nous y aurions aidé, si nous avions accepté la loi Briand.

VIII. — LE PROJET CADORNA EN 1885 A UNE GRANDE ANALOGIE AVEC LE PROJET BRIAND.

Le projet de la commission de 1885, présidée par le sénateur Cadorna, est beaucoup plus radical que ceux de la commission de 1871 et du ministre Depretis ; il met tout le temporel de l'Église sous la tutelle de l'État. Il exclut la hiérarchie ecclésiastique de l'administration des biens et la confie à des *associations cultuelles élues* pour la paroisse et le diocèse. Il donne à ces associations le droit de désigner la personne, curé ou évêque, qui sera investie du bénéfice.

Ces associations ne pourront pas rendre la loi illusoire en renonçant à leur droit d'élection. La loi déclare nulle cette renonciation. L'évêque ou le prêtre qui ne serait pas agréé par l'association ne jouirait pas des revenus de son titre, et il n'aurait pas même l'usage de l'église ni des objets du culte.

Bien plus, les délibérations de ces associations relatives au choix des titulaires devraient être *agréées par l'État*.

Les mêmes associations seraient aussi compétentes pour *révoquer les titulaires* dans les cas prévus par les lois.

Les écrivains du parti, comme le professeur Brusa, dans sa préface au droit contitutionnel de Casanova, expriment la prévision que cette réforme de l'organisation ecclésiastique conduira à des églises nationales, analogues aux confessions protestantes.

IX. — La presse catholique contre Cadorna.

Quand le projet Cadorna parut, ce fut un *tolle* chez les catholiques. Les journaux firent campagne ; des brochures et des livres furent publiés.

Les articles de Crispolti dans l'*Osservatore Romano* ont été édités à part sous ce titre : « Le nouveau projet de loi sur les biens ecclésiastiques. »

Monseigneur Cavagnis publia un opuscule sur « La nature de société juridique et publique qui appartient à l'Église — Observations sur la brochure du comte Cadorna. »

Crispolti résume le projet de loi : la formation des associations cultuelles électives, leur droit d'administrer les biens de l'Église et d'en déterminer l'emploi ; leur autorité administrative sur les séminaires eux-mêmes et sur les autres instituts diocésains ; le jugement des conflits réservés à la cour d'appel. — Comme on le voit, c'est le programme de Briand.

Cadorna avait la simplicité d'indiquer dans son rapport que cette réforme avait pour but de réaliser l'influence laïque dans la nomination des pasteurs et dans le gouvernement de l'Église ; Briand l'a pensé, mais n'a pas osé le dire.

Crispolti donne une longue réfutation qui se résume en deux mots : « le projet de loi dispose des biens de l'Église, dont elle est seule propriétaire ; il en dispose contrairement à son organisation fondamentale. »

Ces arguments irréfutables sont au nombre de ceux qui détermineront Pie X, quand la loi française réalisera le projet Cadorna.

X. — Le Cardinal Cavagnis contre Cadorna.

Monseigneur Cavagnis, professeur de droit public au séminaire romain de l'Apollinaire et plus tard cardinal, a réfuté Cadorna et son projet dans une brochure considérable publiée en 1887 à l'imprimerie Vaticane.

Il élève la question et traite de tous les rapports sociaux de l'Église et de l'État.

Dans sa préface, il expose sommairement l'erreur à combattre. — L'Église ne serait pas une société juridique et publique, complète et indépendante comme l'État, mais elle serait une association particulière et volontaire, subordonnée comme toutes les autres à l'État.

Quelques-unes de ses institutions, comme les paroisses, les chapitres, les évêchés, *pourraient recevoir de l'État la personnalité juridique* et le droit de posséder, mais ce seraient là des droits subordonnés, que l'État pourrait supprimer comme il a pu les concéder.

Une question connexe à celle-là et que les Italiens ont fort à cœur, c'est que l'Église romaine n'aurait pas non plus de personnalité juridique, et le Saint-Siège n'aurait pas droit à un pouvoir public ; de sorte que le pouvoir temporel n'aurait été qu'une situation transitoire et l'Italie n'aurait pas à traiter d'égale à égale avec la papauté pour un concordat ou un arrangement politique.

Ce sont là, dit Cavagnis, des propositions manifestement fausses, puisque l'Église, étant une société divinement fondée, a une personnalité parfaitement juridique et qu'elle doit être munie de tous les droits qui lui sont nécessaires ou utiles pour atteindre sa fin et par conséquent elle doit avoir des biens et des droits temporels, dans la mesure nécessaire à sa vie sociale.

Monseigneur Cavagnis indique alors les principaux chefs de l'école nouvelle, contre laquelle est écrite sa brochure.

C'est d'abord le comte *Cadorna*, sénateur et président du conseil d'État, qui a exposé sa thèse dans plusieurs articles de la revue *Rassegna di scienze sociali*, et qui a présidé à la rédaction du projet de loi sur la réorganisation de la propriété ecclésiastique.

C'est *Mamiani*, dans son livre sur la théorie de la religion et de l'État (Florence, 1868); c'est *Minghetti*, dans son livre « l'État et l'Église »; c'est *Castagnola*, ancien ministre, dans son livre sur « Les relations juridiques de l'Église et de l'État » (Turin, 1882), et plusieurs autres.

Cadorna donne à ce système le nom de libéralisme juridique. — Jusqu'ici, j'ai analysé la préface.

Mgr Cavagnis expose ensuite longuement et loyalement, dans une première partie de son ouvrage, tout le système adverse ; dans une seconde partie, il le réfute.

Prenons seulement dans son livre quelques traits qui vont directement à notre but.

Voici la thèse des adversaires.— Il y a des devoirs moraux et des devoirs juridiques ou civils.

Les devoirs religieux sont purement moraux.

La société civile est essentiellement juridique. Elle existe par droit naturel ; elle est nécessaire pour suppléer à l'insuffisance des individus, des familles et des associations libres. Elle doit maintenir l'ordre juridique et notamment protéger la liberté de conscience de tous.

La société religieuse, disent-ils, n'est pas juridique ; elle n'a pas de droits temporels. En réclamant ces droits, elle irait contre son but, contre sa fin propre, qui est uniquement spirituelle et morale.

Quant à ses accessoires temporels, ils ne peuvent dépendre juridiquement, légalement, que de l'État, qui est la seule société juridique et temporelle.

L'Église n'a reçu de son fondateur qu'un pouvoir d'ordre et de direction morale pour lequel elle est indépendante.

Il n'y a donc pas lieu à passer des concordats avec l'Église, qui n'est pas une puissance publique, mais une association privée.

L'État peut concéder à l'Église la capacité juridique moyennant des associations volontaires, comme il la concède à d'autres sociétés privées.

Elle a besoin de temples pour le culte, de maisons et de ressources pour ses ministres; mais comme elle n'est pas une société juridique et qu'elle n'a aucun droit temporel, des *associa tions volontaires* pourront se former, et ces associations pourront obtenir de l'État une capacité juridique, soit que l'État trouve la religion utile au progrès moral, soit qu'il la trouve au moins inoffensive.

Mais l'État pourra aussi modifier ou révoquer ces concessions, quand son intérêt l'exigera, et suivant les changements de circonstances.

L'État garde donc le haut domaine sur les biens de l'Église; il a toujours marqué cette réserve par le *droit de régale*.

Dans le projet Cadorna, cette concession de capacité juridique par l'État n'est pas faite à l'Église elle-même, mais aux laïques représentés

2.

par les *associations cultuelles*, soit paroissiales, soit diocésaines.

C'est une reprise et une aggravation du projet Minghetti de 1864. Les associations cultuelles paroissiales seraient élues au suffrage universel de la commune ; les associations cultuelles diocésaines seraient élues au second degré, par celles des paroisses.

Ces associations mettraient les prêtres et les évêques en possession des églises et des revenus, *si les candidats leur plaisaient.*

Si un curé était déposé par son évêque, l'association cultuelle pourrait méconnaître le jugement de l'évêque et conserver le curé de son choix.

M. Briand espérait bien que sa loi conduirait peu à peu à tout cela. Mais comme Minghetti, il pensait qu'il ne faut demander *d'abord* à l'Église que ce qu'elle peut digérer, en se réservant de lui demander davantage à la seconde édition de la loi.

Cadorna donne encore pour motif à ses élucubrations que l'État ne peut pas reconnaître la hiérarchie de l'Église universelle, qui dépasse les frontières des nations. L'État ne peut reconnaître que des groupements de citoyens qui dépendent de lui.

Mamiani ajoutait que l'État a besoin d'être maître chez lui, qu'il doit tenir dans sa main tous les groupements et imposer des limites à leur puissance et à leur richesse.

Castagnola conseille à l'État d'être très réservé dans ses concessions à l'Église, tant qu'elle n'aura pas reconnu les principes modernes et la supériorité de l'État.

Telle est la thèse des Étatistes loyalement exposée par le Cardinal Cavagnis. Il va maintenant la réfuter.

— D'abord, dit-il, si ces légistes sont catholiques, il doivent reconnaître que le Christ a fondé une société organisée, qui a ses chefs et son but propre, supérieur à celui des sociétés humaines, puisque ce but est le salut éternel des âmes.

L'Église a le droit d'exister et d'agir. Les sociétés, comme les individus, doivent respecter ces droits. Et comme elle n'est pas une société angélique, une société de purs esprits, mais une société d'hommes, elle a besoin de moyens matériels. Il lui faut des temples pour son culte, des maisons pour ses ministres, des monastères pour ceux qui veulent suivre les conseils évangéliques.

De plus, comme le Christ a nettement divisé l'Église en deux parties, les clercs et les fidèles, et qu'il a confié l'administration de la chose publique ecclésiastique aux clercs, cette organisation doit être respectée par tous les chrétiens.

Quant aux non-catholiques, ils doivent au moins *respecter l'organisation et l'action de l'Église*, qui est toujours morale et honnête, et pour déterminer ses rapports avec l'État, l'Église conclut volontiers avec eux des concordats.

L'État doit, comme tel, honorer Dieu, qui est l'auteur des sociétés comme des individus ; s'il est en majeure partie catholique, il doit aider et favoriser l'Église, tout en laissant aux non-croyants les libertés convenables.

En aucun cas et à aucun titre l'État ne peut s'immiscer dans l'organisation de l'Église, changer cette organisation, confier l'administration des biens de l'Église à des laïques, susciter des *associations cultuelles*. Aucun motif plausible n'autorise cette ingérence.

— Le livre de Mgr Cavagnis est tout un traité de droit public ecclésiastique.

XI. — Littérature spéciale autour
de cette controverse de 1885.

Le projet de Cadorna eut un grand retentissement. Il avait été préparé par quelques publications. Il provoqua des polémiques ardentes dans les journaux, dans les revues, dans les livres.

Voici les titres de quelques publications de ce temps-là :

Castagnola : *Relations juridiques entre l'Etat et l'Eglise.* Turin, 1882.

Zocchi : *Sur le pouvoir juridique de l'Eglise.* Prato, 1884.

Carbonelli : *L'Eglise, la propriété, l'Etat.* Naples, 1885.

Canadda-Bartholi : *L'Etat et la propriété ecclésiastique.* 1886.

Cadorna : *Réorganisation de la propriété ecclésiastique.* Rome, 1887.

Scaduto : *Réponse à Cadorna.* Rome, 1887.

Taiani : *Projet de loi sur les biens ecclésiastiques.* Rome, 1887.

Cassani : *La propriété ecclésiastique.* Bologne, 1890.

Brunialti : *L'Etat et l'Eglise.* 1892.

Cadorna : *Religion, Droit, Liberté.* Milan, 1892.

On le voit, c'est l'Italie tout entière, qui est émue par cette question et qui se passionne pour ou contre le projet de loi.

Toute la presse s'en occupe pendant des années, des livres se publient dans toutes les villes importantes, à Rome, à Turin, à Milan, à Naples, à Bologne, à Prato.

Et cependant, chez nous, d'excellentes personnes croient pouvoir écrire dans des livres et des journaux, ou dire à la Chambre que Pie X et le Saint-Siège ont été surpris par cette question, qu'ils n'ont pas été suffisamment renseignés, que le Pape a jugé trop vite et condamné sans motifs graves la loi Briand.

La vérité est tout autre. Le Pape savait ce qu'il faisait en condamnant une loi préparée par la maçonnerie européenne depuis quarante ans et qui devait conduire l'Église de France et les autres ensuite à une organisation protestante.

Ce n'est pas du côté du Pape qu'étaient l'excès de simplicité et de naïveté et le manque de renseignements.

XII. — L'Encyclique de Léon XIII sur la Constitution chrétienne des États.

Il faut donner une place à part, dans cette lutte contre le projet Cadorna, à l'Encyclique de Léon XIII sur la Constitution chrétienne des États.

C'est une réponse directe et topique. Le projet officiel voulait réglementer tout ce qui concernait les biens d'Église.

Léon XIII réclama pour l'Église le *pouvoir juridique*. Il vise les expressions mêmes et les théories de Cadorna et de la franc-maçonnerie italienne.

Il divise les choses en spirituelles et temporelles, non suivant la nature de l'objet, comme voulait le faire l'école nouvelle, mais suivant la destination de cet objet. Les bénéfices, les établissements ecclésiastiques, le mariage, les cérémonies funèbres, les cimetières chrétiens, l'enseignement de la religion, les œuvres de bienfaisance chrétienne forment le vaste champ de la juridiction ecclésiastique, à cause de leur lien intime avec la mission spirituelle de l'Église.

Le Souverain Pontife condamne ce qu'on appelle le *droit nouveau* ; c'était alors celui de Cadorna, c'est aujourd'hui celui de Briand.

Selon les faux principes du *droit nouveau*, dit-il, l'État regarde l'Église comme une société privée, *il met la main sur les biens des clercs*, il regarde les droits anciens de l'Église comme une faveur et une concession des gouvernements.

Il faut admettre au contraire, dit-il, que l'Église, non moins que l'État, est une société complète et parfaite ; que les dépositaires du pouvoir civil ne doivent pas prétendre asservir ou subjuguer l'Église ni diminuer sa liberté d'action dans sa sphère, ni lui enlever aucun des droits qui lui ont été conférés par Jésus-Christ...

— Après ce coup de tonnerre, le projet de Cadorna échoua piteusement avec ses *associations cultuelles*, son élection des évêques et des curés, et ses espérances d'Église nationale.

XIII. — LA CONTROVERSE CONTINUE.

La question reste à l'étude dans toute l'Italie

après la bataille perdue par Cadorna en 1885.

D'autres livres paraissent et le thème de la *réorganisation du temporel des églises* fournit des articles aux revues.

Citons les livres de :

Giorgi : *La doctrine des personnes juridiques*. Florence, 1896 ;

Giuffrida : *Les personnes juridiques. Palerme*, 1898.

Dans les revues, nous avons les articles du professeur Alessio, dans la *Riforma sociale*, en 1897. Il propose la conversion des biens paroissiaux et leur attribution à une caisse nationale, en retirant la personnalité juridique à tous les établissements ecclésiastiques : paroisses, chapitres, diocèses.

Une loi de l'État établirait la nouvelle circonscription des diocèses et paroisses, la réduction des séminaires, des chapitres, des canonicats. Les établissements ecclésiastiques seraient administrés par des *associations laïques*. C'est radical, c'est la constitution civile du clergé.

Dans la même revue, en 1898, Rinaldi expose

ses vues, qui ne diffèrent pas beaucoup de celles d'Alessio. Il s'applique à prouver que le domaine de l'Église ne s'étend qu'aux choses spirituelles, l'administration des choses temporelles étant réservée à l'État. Il en conclut qu'il n'y a pas à chercher un accord. De pareilles questions se résolvent mieux par *la force des faits accomplis*. Il trouve Cadorna trop modéré. L'État doit prendre les biens de l'Église et offrir ensuite des revenus proportionnés à la population de chaque région.

Le ministre Costa au sénat en 1896 exprimait la pensée que la *conscience juridique* du peuple italien n'était pas encore suffisamment préparée à cette réforme (Pie X aurait achevé de la préparer s'il avait accepté la loi Briand).

Le sénateur Piola, dans une conférence à l'Institut Lombard en 1899, résumait les conditions de réforme qu'il croyait acceptables pour l'Église : séparation de l'Église et de l'État — abolition des bénéfices ecclésiastiques — création de représentations laïques (*associations cultuelles*) — les nominations ecclésiastiques laissées au clergé ». C'est toujours du Briand. Il ne faudrait pas encore parler d'élections parce que la *conscience juridique* des fidèles n'est pas suffisamment préparée. Les associations cultuelles achèveraient la préparation. — Ah ! que l'on comprend bien en Italie pourquoi Briand est furieux de voir ses cultuelles tuées dans l'œuf par le Pape !

Le professeur Scaduto en 1901, dans la revue de l'Université de Bruxelles, exprimait aussi la pensée que la réforme projetée n'est pas encore mûre en Italie, vu l'état de la *conscience juridique et politique* du peuple italien.

La controverse continue et de nouveaux projets se font jour dans la presse et dans les revues.

Comment a-t-on pu croire en France que le Saint-Siège n'était pas assez renseigné sur la question ?

XIV. — Résumé pour l'Italie

En résumé, les *sociétés cultuelles* ne sont pas, comme on a pu le croire en France, une idée nouvelle, due au génie souple et inventif de M. Briand.

Les ministères italiens ont eu leurs projets d'associations cultuelles bien avant le nôtre ; en 1864, un premier projet, préparé par Minghetti, est présenté au parlement de Turin ; en 1871, Minghetti et Peruzzi proposèrent un second projet à la commission royale ; en 1887, c'est le projet Cadorna, plus précis encore et plus rigoureux.

Mais la presse catholique italienne mena une brillante campagne, qui dure depuis quarante ans. Les écrivains catholiques réfutèrent pas à pas les novateurs.

Plusieurs fois les Souvenirs Pontifes intervinrent.

Tous les projets sont restés sur le carreau.

La franc-maçonnerie attendait de là le couronnement de son œuvre. Les *associations cultuelles* devaient tranformer l'Église et la renouveler. On aurait abouti à l'élection des bénéficiaires, à la soumission des clercs aux laïcs, à une réforme intellectuelle, dans laquelle les vieux dogmes auraient cédé la place à un christianisme large et facile.

On entrevoyait déjà la formation d'Églises nationales, ce qui aurait délivré l'Italie de ce boulet qu'elle traîne, l'insoluble question romaine.

Mais ce qu'on disait dans les loges, on ne le proclamait pas sur les toits, pour ne pas effrayer les mœurs catholiques. On usait de sous-entendus, et l'on voulait procéder par étapes.

« Les laïques, disait Minghetti au parlement le 8 mai 1875, doivent participer à l'administration des biens, et par cette administration des biens à *quelque chose de plus dans l'avenir*. (Comme ces choses sont bien dites !) — C'est ainsi que les parlements ont commencé par tenir les cordons de la bourse, puis ils sont arrivés aux plus grandes prérogatives politiques. — Nous concevons donc les associations cultuelles, disait Minghetti, comme le *point de départ* de la participation des laïques à l'administration de l'Église. (Soyez sûrs que M. Briand n'a pas de moins belles conceptions.) — Il faut *ouvrir l'entrée* de l'Église à l'élément laïque, à l'élément libéral et en même temps ne pas heurter les croyants au point de leur faire rejeter notre projet comme insidieux. »

Mais les croyants ont vu clair... en Italie. En France... pas tous.

Le professeur Brusa, dans sa préface au Droit constitutionnel de Casanova, était moins prudent que Minghetti. Il exprimait crûment la prévision que la réforme de l'organisation temporelle ecclésiastique conduirait à des Églises nationales, analogues aux confessions protestantes.

Le sénateur Piola disait en 1899 : il ne faudrait pas encore parler d'élections, parce que la *conscience juridique* des fidèles n'est pas suffisamment préparée.

Le ministre Costa exprimait la même idée.

On prépare la *conscience juridique* des fidèles par des campagnes de presse, par des scandales imaginaires. Puis un beau jour l'Italie trouvera son Briand, et le tour sera joué.

Si Pie X avait accepté la loi française, ce serait fait déjà en Italie, et tous les pays de race latine auraient suivi sans retard.

Quelques catholiques français se sont crus plus éclairés que Pie X. Le but de cette brochure est de les ramener amicalement à une plus juste appréciation des faits.

DEUXIÈME PARTIE

EN FRANCE

DEUXIÈME PARTIE

EN FRANCE

I. — Note préliminaire : la maçonnerie est une et universelle.

Il ne faut pas perdre de vue que la franc-maçonnerie est la *contre-église*. Elle est universelle comme l'Église, et par jalousie elle voudrait bien que l'Église ne soit que nationale. Il n'y a pas une maçonnerie française et une maçonnerie italienne. Il n'y a qu'une maçonnerie, qui a ses provinces fédérées.

Deux ou trois preuves vous suffiront.

En France, on le tient un peu secret. En Italie, on le cache moins, parce qu'on est fier de posséder le gouvernement central des Loges.

Procurez-vous quelques *planches* ou documents officiels de quelque loge d'Italie, vous y verrez toujours ces divers titres :

MAÇONNERIE UNIVERSELLE
Communion italienne
LOGE...

Voilà bien une hiérarchie.

C'est comme qui dirait :

ÉGLISE CATHOLIQUE
Province de Paris
DIOCÈSE OU PAROISSE DE ..

L'Église maçonnique a son centre à Rome. Les nations sont ses diocèses, les loges sont ses paroisses.

Le Grand-Orient de France est un diocèse de la maçonnerie universelle.

Voulez-vous une autre preuve?

Quand le tribunal maçonnique suprême condamna l'illustre Nasi, à Rome les journaux maçonniques annoncèrent que la sentence avait été communiquée à la *communion italienne* et aux *puissances confédérées*.

Les mots sont heureux. La maçonnerie d'Italie, c'est la *communion* italienne ; le nom est digne de l'Évangile.

Les Grands-Orients des autres nations sont les *puissances confédérées*. Cela doit bien sonner aux oreilles de nos messieurs de la rue Cadet.

Le Pape de la maçonnerie parle, la *communion de France* obéit.

Il n'y a qu'une maçonnerie. Le programme de la *communion de France* est le même que celui de la *communion d'Italie*.

II. — LE PLAN DE LA FRANC-MAÇONNERIE CONTRE L'ÉGLISE.

Ce plan est connu, il remplit la presse maçonnique depuis trente ans. C'est le programme du parlement français depuis 1877.

Il a quatre articles hautement avoués :

La laïcisation des écoles ;

Le divorce ;

La suppression des couvents ;

La séparation de l'Église et de l'État.

Le cinquième reste encore à demi voilé en France, c'est l'assujétissement de l'Église par les *associations culluelles*, pour en finir avec le catholicisme dogmatique et romain.

En France, il n'y a plus que la dernière partie à jouer. Briand y a perdu une première manche, grâce au coup de maître du Pape; il essaiera de se rattraper.

La maçonnerie ne repose pas. Sa campagne pour l'école neutre, qui lui tient tant à cœur, est universelle. Elle est engagée en Allemagne, en Angleterre, en Italie.

Pour le divorce, l'Italie résiste encore.

Pour les couvents, ils ont été battus en brèche en France, en Italie, en Portugal, dans les pays de Kulturkampf, en Allemagne et en Suisse. La campagne est menée chaudement dans l'Amérique du Sud.

Pour la séparation, l'exemple de la France aura des conséquences désastreuses.

Pour les *culluelles*, Pie X a paré le coup; sans cela toutes les nations latines y seraient venues avant peu. Ce serait, humainement parlant, comme la dissolution de l'Église.

III. — Léon XIII et la campagne maçonnique.

Les lettres de Léon XIII sont toujours à relire et à méditer. C'est une véritable somme de doctrines philosophiques, sociales, théologiques et apologétiques.

Lutteur intrépide, il a plusieurs fois entamé la lutte contre la franc-maçonnerie.

Sa grande encyclique *Humanum genus* de 1884 est une des plus importantes et des plus belles de son pontificat.

En 1892, c'est aux Italiens spécialement qu'il prêchait la croisade contre la secte par l'encyclique *Inimica vis*.

Dans ces deux documents, il expose le programme des Loges, bien connu, dit-il, par leurs campagnes de presse.

Ils sont l'armée de Satan. Ils veulent la ruine de l'Église. Leur secte commence à prendre, au sein des États modernes, une puissance qui équivaut presque à la souveraineté.

Ils ont, au-dessus de leurs groupes connus, des conseils intimes et suprêmes, des chefs secrets, des réunions plus occultes, où se préparent leurs décisions.

Ils veulent substituer à l'Église une organisation empruntée au naturalisme.

Comme moyens, ils préconisent la *séparation de l'Église et de l'État*, l'école athée, le divorce.

Ils veulent détruire les congrégations religieuses et remettre les restes des biens ecclésiastiques sous la dépendance et le bon plaisir d'administrateurs civils. — Voilà les *associations cultuelles*.

Léon XIII autant que Pie X les aurait condamnées et se serait refusé à les essayer.

IV. — LE PLAN DE LA CAMPAGNE MAÇONNIQUE RÉVÉLÉ PAR PAUL BERT EN 1883.

Je me sers pour cette note d'une page de l'abbé Gaudeau, dans son livre « L'Église et l'État laïque » et du livre de M. Émile Ollivier sur le Concordat.

En 1883, il y eut une poussée radicale dans le sens de la séparation. Les opportunistes, qui étaient au pouvoir et qui représentaient **la** pensée maçonnique d'alors, résistèrent. Il était trop tôt. L'Église était encore trop forte et trop vivante pour être *séparée* sans danger pour la secte. Il y avait encore trop de foi dans les campagnes et dans les villes. Il fallait préparer lentement un *régime d'association*, qui permît de ligotter l'Église dans une apparence de droit commun et une servitude réelle. Il fallait anémier savamment l'Église de France, la morphiner peu à peu et la réduire, si on pouvait, à l'impuissance morale. Le mot d'ordre provisoire fut donc : *l'exécution stricte du Concordat.*

Le plan consistait, comme le dit très justement dès lors M. Émile Ollivier, à « tenir l'Église attachée au pilier du temple, afin qu'elle n'ait pas le champ libre, à la fustiger à l'aise, puisqu'elle s'y prête avec docilité, jusqu'à ce que, épuisée de force, avilie, elle puisse être achevée sans péril » (*Le Concordat est-il respecté ?* Paris, Garnier, 1883).

Ce plan est exposé cyniquement dans un rapport officiel de Paul Bert sur la question. Le but à atteindre est la séparation. Mais si on y procédait immédiatement, l'Église, « rayée du budget de l'État, chassée de ses presbytères et de ses temples, mais laissée absolument libre, retrouverait bientôt une richesse personnelle qui lui fait aujourd'hui défaut, une influence politique qui chaque jour s'en va diminuant, et reconquerrait tous ces édifices dont on l'aurait chassée... »

Voici en conséquence les mesures proposées par la secte maçonnique en 1883.

« Quand la thèse de *l'exécution stricte* du Concordat aura été appliquée, dit Paul Bert, voici dans quel état se trouvera l'Église.

« Toutes les congrégations monastiques ont disparu...

« Les privilèges qui aidaient au recrutement du clergé sont supprimés. Les séminaristes se rencontrent sous les drapeaux avec les autres étudiants ; les séminaires ne reçoivent plus aucune dotation.

« Les évêques ne jouissent plus des honneurs exceptionnels que leur conféraient les décrets.

« Les établissements ecclésiastiques ne peuvent plus posséder d'immeubles...

« Les prêtres, à qui vous avez déjà enlevé la domination des cimetières, perdent celle des *fabriques*...

« Le clergé n'a plus aucune part dans la direction de l'instruction publique.

« En même temps, des décisions gouvernementales, sous forme de décrets ou d'arrêtés, auront abrogé une foule de mesures prises dans l'intérêt de l'Église en dehors des exigences du concordat.

« L'Église, ainsi ramenée à la stricte observation du concordat qu'elle a signé, *sans qu'aucune apparence de persécution puisse être invoquée par elle*, n'aura plus pour soutien que la docilité des fidèles...

« *C'est en ce temps-là* qu'il pourra être opportun d'examiner la séparation de l'Église et de l'État.

« Nous aurons rempli notre tâche en préparant cet avenir. » (Paul Bert, cité par Émile Ollivier, dans sa brochure sur le concordat, page 106).

V. — LA FRANC-MAÇONNERIE A L'ŒUVRE. 1876-1905.

C'est en 1876 que la franc-maçonnerie a pris pied dans le gouvernement de la France. Les Loges ont mené la campagne avec un plein succès dans les élections décisives qui eurent lieu cette année-là et qui obligèrent Mac-Mahon à prendre un ministère de gauche. (Lire Hanotaux, *Histoire de la France contemporaine*, tome III, p. 502).

En 1879, Mac-Mahon dut se retirer.

Avec Grévy à la Présidence et Ferry au ministère, la franc-maçonnerie régnait. Les lois maçonniques commencèrent.

Ferry fit restreindre la liberté de l'enseignement supérieur. Il échoua pour l'article 7 relatif à l'enseignement secondaire. Il se vengea par les expulsions de 1880, en s'appuyant sur de prétendues lois existantes.

En 1882, il fait voter l'enseignement laïque obligatoire.

Les lois et les décrets vont se succéder sans interruption :

Fermeture des chapelles privées ;

Interdiction des processions dans les villes ;

Clefs de l'église livrées au pouvoir civil ;

Religieuses chassées des hôpitaux ;

Séminaristes astreints au service militaire ;

Réglementation des fabriques paroissiales.

En 1895, c'est la loi d'accroissement.

En 1901, c'est la suppression des congrégations religieuses.

Tout le programme de Paul Bert s'accomplit.

Les initiés ne perdent pas de vue le but définitif à atteindre, la séparation de l'Église et de l'État, avec une réforme de l'Église et son assujettissement à des groupements laïques.

Laveleye avait publié en français en 1882 le livre de Minghetti sur *l'État et l'Église*, pour préparer les esprits à la nouvelle organisation de l'Église.

« La solution préconisée par Minghetti s'impose, dit-il, elle est la conséquence nécessaire de la marche de l'histoire...

« En Italie, on peut prévoir qu'elle sera un jour votée, quand on la voit préconisée par les hommes les plus considérables du parti modéré (?), comme Minghetti, Mamiani et Bonghi.

Mais cette séparation, Laveleye n'en prévoit le succès qu'avec une *réforme religieuse*. Il entend par là un néo-protestantisme, une Église nationale.

C'est là le secret des initiés, c'est là qu'on mènera l'Église avec des associations cultuelles anodines d'abord, puis maîtresses du terrain ensuite.

Laveleye cite Mariano, qui soutient la même thèse, dans son livre sur le christianisme et la civilisation.

Il cite encore Edgard Quinet qui a dit : « Les révolutions des Pays-Bas, d'Angleterre et des Etats-Unis ont réussi, parce que la réforme politique a eu pour base la *réforme religieuse*. »

Les loges ne l'oublieront pas.

Les ministères qui se succèdent y travaillent plus ou moins consciemment.

Freycinet déclare en 1885 qu'il accepte le principe de la séparation, mais que l'heure n'est pas venue. Il a lu son Paul Bert.

Waldeck-Rousseau dit à la Chambre, en 1889, que la loi sur les associations est faite pour préparer la séparation demandée par le pays (lisez *par les loges*).

Charles Dupuy, ministre des cultes en 1893, déclare que la paix ne se fera, entre l'État et l'Église, que si l'Église renonce à la prétention de traiter de puissance à puissance avec l'État, *dont elle est simplement une subordonnée*.

Combes reconnaît que la séparation est un

article fondamental du programme de son parti (le parti maçonnique).

Briand viendra avec son projet mûri dans le secret des Loges.

VI. — LE TÉMOIGNAGE D'UN FRANC-MAÇON.

M. Copin-Albancelli a été un franc-maçon authentique et de marque. Il a quitté la franc-maçonnerie avec éclat vers 1890, quand il eut reconnu son action anti-libérale et anti-patriotique. Il nous a fait connaître l'esprit et le but des Loges dans plusieurs brochures. Celle qui confirme le mieux notre thèse est intitulée : *La franc-maçonnerie et la question religieuse*. Elle a été éditée en 1892 et rééditée en 1905.

D'ordinaire il n'affirme rien qu'il ne prouve par des faits historiques.

Voici ses conclusions :

1° La franc-maçonnerie mène le Parlement ;

2° Elle est elle-même conduite par des influences plus hautes et mieux dissimulées ;

3° Son but est de détruire l'Église catholique ;

4° Une caisse de propagande aide son action ;

5° On peut la suivre à l'œuvre particulièrement depuis 1876.

Je reprends ces thèses une à une.

1° La franc-maçonnerie mène le Parlement. — « Sous le couvert de l'étiquette républicaine et parlementaire, dit-il, une association, dont personne ne se préoccupait, s'est emparée du Parlement et, par ce moyen, a mis la main sur la République et sur la liberté des citoyens » (Préf. p. vii).

« Derrière le parti républicain, il y a un être qui se cache, une organisation qui fonctionne, une société qui agit sans qu'on ait pu jusqu'ici lui demander compte des manœuvres auxquelles elle se livre, parce qu'elle a le privilège d'être une société secrète. C'est cette société qui a juré la destruction du catholicisme » (p. 17).

Cette action s'est manifestée un jour entre autres sans vergogne. C'était en 1891, après l'interpellation Dide et Hubbard sur les rapports de l'Église et de l'État. Plusieurs journaux ont publié cette note :

« Sur l'initiative du conseil de l'Ordre du Grand-Orient de France, tous les députés franc-maçons ont été convoqués à la rue Cadet. A la réunion présidée par M. Thulié, plusieurs orateurs ont vivement reproché à quelques-uns de leurs collègues de n'avoir pas voté en faveur de la séparation des Églises et de l'État.

« Il a été question aussi d'organiser une ligue de propagande anticléricale qui préparerait dans le pays un mouvement d'opinion en faveur de cette séparation... »

Nous avons vu que les ministères franc-maçons qui se sont succédé attendaient pour agir que ce *mouvement* d'opinion fût suffisamment lancé.

2° Comme nous l'avons vu indiqué par Léon XIII, Copin-Albancelli pense « qu'il y a derrière la maçonnerie une puissance *plus secrète*, et par laquelle elle est inconsciemment menée. Cette puissance, elle, n'a qu'un but, toujours le même depuis deux siècles : la destruction du christianisme, laquelle comporte la destruction de tous les organismes nationaux chrétiens, en commençant par les nations catholiques. »

Ce pouvoir occulte, le même auteur l'a fait connaître dans sa brochure *La franc-maçonnerie juive*. C'est la haute maçonnerie juive, dont le centre, d'après lui, serait à Londres (p. ix).

3° Le but de la secte, nous l'avons déjà dit, est de détruire l'Église catholique. Copin-Albancelli prend la franc-maçonnerie sur le fait.

Dans une réunion maçonnique à la Loge l'*Étoile du Nord*, de Lille, l'orateur disait : « La distinction entre le catholicisme et le cléricalisme est purement officielle, subtile, pour les besoins de la tribune ; mais ici en Loge, disons-le hautement pour la vérité, le catholicisme et le cléricalisme ne font qu'un et, comme conclusion, on ne peut être à la fois catholique et républicain, c'est impossible. »

« Notre but doit être, disait une résolution prise dans une autre réunion maçonnique, de déchristianiser la France par tous les moyens, mais surtout en étranglant le catholicisme peu à peu, chaque année, par des lois nouvelles contre le clergé... d'arriver enfin à la fermeture des églises... » (p. 28-29).

4° Une caisse de propagande aide à cette action. La campagne de presse est payée.

Nous avons vu plus haut le premier projet de cette caisse.

Elle a été fondée par une circulaire du conseil de l'Ordre, insérée dans le bulletin de décembre 1891. Elle disait : « Nous venons vous prier de contribuer pour votre part et dans la forme dont votre atelier reste juge à la constitution de ce fonds spécial de propagande qui est indispensable aujourd'hui pour donner à la lutte de la franc-maçonnerie, *c'est-à-dire de la République* contre le cléricalisme, l'impulsion et l'ampleur qu'exigent les événements » (p. 110).

5° On peut poursuivre l'action de la secte à l'œuvre depuis 1876.

« Depuis quinze ans, disait Copin-Albancelli en 1891, la franc-maçonnerie travaille par tous les moyens à établir en France le despotisme de son athéisme » (p. xi).

Il montre notamment le projet de loi des frères Pochon et Cocula pour l'abrogation de la loi Falloux en 1891 préparée par une délibération de la Loge de Moulins que le conseil de l'Ordre a faite sienne et qu'il a enjoint aux députés et sénateurs d'appuyer de leurs votes.

En 1891, une proposition des députés Barodet, Forcioli et Pochon pour la suppression des Congrégations religieuses et la confiscation de leurs biens, avait été préparée par un vœu émis en trois cents Loges différentes. Une délégation du

Conseil central de la Fédération de la libre-pensée avait communiqué ce vœu aux députés maçons du Palais-Bourbon.

Ce gouvernement occulte agit d'une manière toujours plus secrète.

Le Convent de chaque année prépare le travail législatif.

L'Assemblée générale des Loges du Grand-Orient en 1900 résumait ainsi les propositions des Loges de France :

« Considérant que si l'abolition du Concordat, la séparation de l'Église et de l'État,... et la liquidation des biens de mainmorte sont la fin principale du parti républicain, il convient cependant de préconiser les solutions immédiates préparant le triomphe de ces revendications ; — il est décidé :

Décrets maçonniques	*Exécution des décrets*
Que la loi du 18 germinal an x doit être appliquée rigoureusement et que la prédication en langues étrangères ou dans les dialectes provinciaux doit être interdite.	Le préfet du Nord en 1901 prohibe les sermons en flamand ; M. Combes interdit la prédication en langue bretonne.

Que les décrets de 1880 contre les Congrégations religieuses soient rigoureusement appliqués par la dissolution de toutes les congrégations non autorisées.

Que le droit d'enseignement soit retiré à tout religieux.

Que le monopole des pompes funèbres soit retiré aux fabriques.

Que tous les hôpitaux de l'État, civils et militaires, soient sécularisés et les religieuses renvoyées et remplacées par des laïques.

Que le personnel des prisons et des maisons de correction soit sécularisé.

Que soient supprimés les aumôniers à bord des vaisseaux de guerre.

La loi du 1ᵉʳ juillet 1901 oblige toutes les Congrégations à demander l'autorisation dans les trois mois, et le parlement rejette en bloc toutes les demandes des Congrégations enseignantes.

C'est la loi du 7 juin 1904.

La loi du 19 décembre 1904 transfère le monopole aux mairies.

Les commissions administratives des grandes villes, Paris, Marseille, etc., obéissent.

Le général André et le ministre de la marine appliquent le vœu aux hôpitaux militaires et maritimes.

M. Combes déclare à la Chambre, le 4 novembre 1907, que cette sécularisation est décidée et qu'il demandera le crédit nécessaire.

Pelletan réalise ce vœu par une circulaire.

Que les chefs et officiers supérieurs des armées de terre et de mer respectent rigoureusement la liberté de conscience.

Le ministre de Lanessan (11 févr. 1901) interdit aux officiers de permettre des offices publics du culte, pour respecter la liberté de conscience !

Qu'il soit défendu aux officiers et aux soldats d'assister aux réunions des cercles catholiques.

Circulaire conforme du général André, 9 fév. 1904.

Les Convents de 1899, 1901, 1902, ont émis des vœux relatifs aux crucifix des tribunaux, à la messe rouge de rentrée, à la bénédiction des navires ; les ministres Monis et Pelletan se sont exécutés avec empressement (brochure sur la franc-maçonnerie anglaise, par Casamajor, chez Desclée).

Dites-moi après cela qui règne en France ?

VII. — L'ESPAGNE ET LE PORTUGAL VOIENT S'OUVRIR CHEZ EUX LA MÊME CAMPAGNE MAÇONNIQUE.

Cela devait être. Toutes les nations catholiques sont en butte à la campagne maçonnique, qui est inspirée par le judaïsme avec des tendresses provisoires pour le protestantisme.

La revue espagnole *La Ciudad de Dios* a donné une série d'articles sur ce thème. M. De Casamajor les a résumés dans une brochure éditée par Desclée.

Les hommes d'État libéraux de l'Espagne, affiliés aux Loges, ont accepté le mandat imposé par le Grand-Orient de Paris en 1900, d'introduire peu à peu en Espagne ce qu'ils appellent les progrès de la législation française dont voici les principales étapes :

1° La sécularisation de l'enseignement ;

2° La liberté des cultes ;

3° Le mariage civil ;

4° Le divorce ;

5° La loi sur les associations (on sait ce que cela veut dire pour les religieux).

Les villes ont commencé à laïciser les écoles.

Le ministre Morez a fait campagne pour l'égalité des cultes, et le ministre Romanones pour le mariage civil.

Le Portugal est plus malade encore que l'Espagne. Il a réalisé l'expulsion des religieux. Il prépare la fondation de la république maçonnique et l'on sait que les moyens extrêmes ne lui répugnent pas.

Il a sa *Ligue de l'enseignement* copiée sur la ligue Macé.

C'est le principal instrument des loges au Portugal et rien ne lui résistera.

Le journal catholique *Le Portugal* dit que le Grand-Orient de Lisbonne a fondé cette ligue en 1898 à l'instigation du Grand-Orient de Paris.

Les catholiques d'Espagne croient savoir que le Grand-Orient de Londres aide à la propagande maçonnique dans les pays catholiques, parce que les Loges, au moins provisoirement, flattent le protestantisme.

On a lu dans le *Siècle* l'aveu d'un de nos 33es, Yves Guyot : « La France a tout perdu en restant catholique ; elle a tout à gagner en devenant protestante : c'est sur le protestantisme que nous comptons ! » (1901).

VIII. — LA LOI DE SÉPARATION : 9 DÉCEMBRE 1905.

En 1905, les Loges ont pensé que la poire était mûre. Briand a été chargé de la cueillir avec précaution. On y mettrait des associations cultuelles en apparence anodines. On ne leur donnerait ni le droit d'élection, ni la maîtrise absolue sur le clergé, cela viendrait plus tard par une *évolution* naturelle que le législateur sanctionnerait.

La loi préparerait seulement l'avenir en écartant avec soin toute reconnaissance de la hiérarchie et en habituant les associations cultuelles à l'indépendance.

Ce sont elles qui seront à l'avenir l'organe juridique de la propriété et de l'administration des biens temporels nécessaires à l'Église.

Dans la loi, ce sont elles qui reçoivent par dévolution (art. 4) les biens des anciens établissements ecclésiastiques que la loi laisse subsister ; qui jouissent des édifices servant à l'exercice du culte, ainsi que des évêchés, presbytères et séminaires (art. 14); qui perçoivent et administrent les ressources financières fournies par les fidèles (art. 19 et 21); qui constituent des unions et des fédérations entre elles (art. 20); qui possèdent en un mot la personnalité civile reconnue par la lo de 1901 aux associations déclarées.

Tout cela a passé sans trop de difficulté, Briand

et les Loges avaient eu raison de penser que la poire était mûre.

IX. — Séance historique a la Chambre, le 20 avril 1905. La secte, mise au pied du mur, laisse transpercer son secret.

M. Ribot n'était pas clérical, mais il était de l'opposition, et on commençait à le regarder comme un chef de la droite. Il se mit donc à pousser Briand l'épée dans les reins. Il voulait faire inscrire dans la loi que les associations cultuelles seraient sous l'autorité des évêques.

Citons quelques passages du compte rendu :

M. Ribot. — *Le culte catholique repose partout dans le monde sur l'autorité des évêques. C'est un fait. Je n'apprécie pas, je ne me constitue pas juge de la hiérarchie catholique. L'organisation catholique repose aujourd'hui, en fait, sur l'autorité des évêques. Il peut y avoir des* ÉVOLUTIONS.

M. Charles Dumont. — *D'hier et de demain.*

M. Ribot. — *Nous n'avons pas à fermer la porte à aucune* ÉVOLUTION ; *mais nous prenons un fait tel que nous pouvons le constater... Si la commission pense que l'on ne pourra faire la dévolution des biens qu'à des associations qui soient en communion avec l'évêque, je demande à M. le rapporteur de donner cet éclaircissement...*

M. Briand. — *Nous nous trouvons, Messieurs, en face d'une question délicate qu'il faut trancher selon l'équité. Nous ne voudrions pas que quelqu'un, demain, puisse nous accuser d'avoir tendu un piège sous les pas de l'Église. — Nous sommes en présence de trois Églises, l'Église catholique, l'Église israélite, l'Église protestante; nous ne devons rien faire qui soit attentatoire à la libre constitution de ces Églises.... Pas plus que nous ne devons interdire à la communauté catholique un large droit d'ÉVOLUTION dans le sein même de son organisation, nous n'avons le droit de l'obliger à une constitution nouvelle... »*

M. Briand et M. Dumont nous ont livré leur secret. Ils ne veulent pas qu'on parle des évêques et de la hiérarchie, parce qu'ils attendent une *évolution* dans le sein même de l'organisation ecclésiastique. Cette *évolution* mettra le pouvoir aux mains des laïques. M. Briand et les siens attendent cela bientôt, ils y aideront; ce n'est donc pas la peine d'insérer les évêques et la hiérarchie dans la loi. On peut y mettre que les associations se conformeront *aux règles générales du culte;* cela n'engage à rien, parce que bientôt les règles nouvelles du culte mettront l'autorité aux mains des laïques.

Le refus d'insérer dans l'article la reconnaissance de la hiérarchie ne peut pas avoir d'autre sens que celui que nous lui donnons.

Beaucoup de catholiques ne l'ont pas compris et ont gardé leur confiance à Briand et à sa loi.

Nous sommes souvent trop naïfs et la franc-maçonnerie a des finesses qui nous échappent.

Cette *évolution* attendue par Briand, Dumont et leurs amis, est souvent exprimée dans les auteurs maçonniques italiens.

Et l'on demandait que le Pape acceptât avec reconnaissance cet article 4 qui voulait bien reconnaître l'organisation générale du culte... organisation dans laquelle Briand ne voulait parler ni d'évêques, ni de hiérarchie, parce qu'elle devait *évoluer* prochainement dans un sens que ses auditeurs franc-maçons, comme

M. Dumont et tant d'autres, devinaient facilement.

M. Ribot lui-même acceptait la perspective de l'*évolution*, mais il pensait que le temps n'était pas venu et qu'il fallait mettre provisoirement les évêques dans la loi. M. Briand, malgré sa perspicacité, a voulu aller trop vite.

On peut se demander ici comment l'*évolution* prévue par les Loges se serait faite. Oh ! ce n'est pas difficile à deviner.

Malgré les précautions prises par le clergé et la bonne volonté des premières *associations*, il y aurait eu bientôt des conflits. Les occasions ne manquaient pas : questions d'argent, antipathies personnelles, responsabilité des associations relativement aux imprudences des prédicateurs, etc., etc.

Ces divergences devaient être portées au Conseil d'État ou devant les tribunaux suivant les cas. Ces juridictions en auraient eu bientôt assez.

En bon prince, *pour le bien de la paix*, M. Briand aurait apporté un projet de loi déclarant les charges électives.

Il n'y aurait plus eu autant de difficultés entre

les associations et les curés et évêques élus par elles.

Briand aurait déclaré que c'était là la vraie organisation de l'Église. Il avait lu quelque chose comme cela dans l'histoire. Cela aurait passé.

Le Saint-Siège aurait protesté. L'*évolution* ultérieure serait venue. Briand aurait imité Henri VIII et *délivré* l'Église de France du joug intolérable de Rome.

Nous avons vu que c'est le couronnement du programme marqué par les plus avisés des maçons.

Toute cette évolution a été prévue et décrite par Minghetti dans son livre sur *l'Église et l'État*, notamment à la page 114 de la traduction française publiée en 1882 chez Germer-Baillère. La lecture de cette page est saisissante :

« Quand existera la séparation de l'État et de l'Église, on devra établir des règles législatives particulières aux rapports juridiques à naître des actes du clergé (p. 113)... Il est à craindre que la jurisprudence ne réussisse pas à atteindre le but (p. 114). Une fois le *moment législatif venu* d'y pourvoir (c'est l'*évolution*), il faudra trouver un mode sûr et légitime pour les membres d'une communion religieuse de *modifier leurs statuts* et, par suite, leurs droits et leurs devoirs réciproques.

« Les Églises doivent trouver en elles-mêmes le moyen de *modifier leur constitution* (et l'Évangile?) et avec elle les droits et les obligations juridiques de leurs membres, *selon les circonstances et les besoins des temps*[1]. Il ne suffit pas même que dans certaines associations religieuses (lisez : dans l'Église catholique), cette faculté de transformer les statuts et les canons existe et réside dans le *corps sacerdotal*, du consentement exprès ou tacite des fidèles eux-mêmes. Ce ne peut être là, toujours et absolument, une bonne organisation. La *participation des fidèles au gouvernement des Églises*, selon la forme libérale de tous les cultes à leur origine (voilà l'argument préparé pour Briand), est le moyen vraiment nécessaire de les maintenir fortes et vivaces (?). Le *principe représentatif* est comme l'arome qui les préservera de la corruption, et sans lequel il n'y a aucune chance de réforme efficace et sponta-

---

1. Minghetti était déjà un parfait *moderniste*. Fogazzaro demande aussi l'élection des évêques.

nément consentie. D'ailleurs, si même les fidèles acceptent l'état présent des choses, il ne faut pas empêcher d'autres idées de se faire jour plus tard, *la réforme*, selon nous, devant venir précisément de la *libre volonté des fidèles*. »

Minghetti avait tout prévu. Après la séparation, viendraient des difficultés juridiques. On y remédierait par quelques petites lois, en changeant l'organisation de l'Église et en remettant son gouvernement aux mains du *pouvoir représentatif des laïques*. — On comprend maintenant pourquoi Briand n'a pas voulu qu'il fût question des évêques dans la loi.

X. — L'HYMNE DE VICTOIRE DES LOGES CHANTÉ PAR M. BUISSON.

L'an dernier, M. Buisson triomphait à Bruxelles dans une conférence à la Fédération des Sociétés de Libre-Pensée.

Il glorifiait son parti d'un long travail de vingt-cinq ans pour arriver à la Séparation.

« L'œuvre de la Séparation, dit-il, a été préparée de longue main : c'est le dernier terme d'une longue série d'efforts et de succès. »

Buisson avoue par là, comme Paul Bert, que le parti travaillait sur un plan préconçu, le plan général de la franc-maçonnerie universelle.

Il énumère ensuite avec complaisance les étapes de cette campagne : les lois sur l'*enseignement*, sur les *fabriques*, sur les *congrégations*, et une foule de décrets et de mesures administratives.

Il ne fallait pas moins de vingt-cinq ans pour que la loi sur l'enseignement laïque portât ses fruits. Il fallait que les enfants qu'elle a commencé à former en 1879 arrivassent à l'âge d'électeurs.

Macé et Zola avaient raison de dire que la France serait ce que l'aurait faite l'instituteur primaire.

La réunion triomphale de Bruxelles comprenait toute la fleur de la franc-maçonnerie belge.

XI. — LA FRANC-MAÇONNERIE ITALIENNE FAIT ÉCHO
A LA JOIE DES MAÇONS FRANÇAIS.

La maçonnerie italienne n'a pas pu contenir

sa joie et ses espérances en apprenant le vote de la loi française.

Le 1er janvier de l'an 2658 a. u. c., cela veut dire dans leur argot le 1er janvier de l'an de grâce 1906, Hector Ferrari, grand maître de la maçonnerie italienne, lançait cette circulaire, qui a paru dans le *Giornale d'Italia* du 7 janvier :

« L'État, selon l'esprit moderne, est un terme inconciliable avec l'Église, comme sont des termes inconciliables la science et la révélation, l'évolution de la pensée et le dogme, le libre examen et le Syllabus. Pas de tromperie donc, pas d'équivoque : que chacun suive sa voie ; pour nous, il n'y a pas de transaction possible : les bases de l'Etat, comme nous les comprenons, sont précisément celles que l'Église condamne. La liberté de conscience, *l'absolue séparation* des deux pouvoirs, civil et ecclésiastique, la parfaite laïcité de l'école, la sincère application des lois sur les corporations religieuses, la conversion de toutes les œuvres pies à des buts sociaux, voilà ce que nous réclamons, voilà ce qu'il faut réclamer toujours et partout, dans les comices, dans les chaires, dans le Parlement. »

Toujours le grand programme : l'oppression

des consciences à l'école, le vol des fondations pieuses, le renversement de la hiérarchie de l'Église. Mais comme tout cela est dit avec une artistique hypocrisie !

Ce monsieur Ettore Ferrari est sculpteur. Il veut apprécier le désaccord de l'Église et de la science, de l'Église et de la politique, cela dépasse sa compétence ; il est artiste, qu'il se contente de nous dire que le catholicisme est inconciliable *avec l'art*, et que Michel-Ange, Raphaël, Léonard de Vinci et Fra Angelico sont des gâcheurs d'ouvrage.

En attendant, il a entonné la trompette en faveur de *l'absolue séparation* des pouvoirs, la séparation de Briand, complétée par *l'évolution attendue*.

XII. — LE GRAND COUP PORTÉ PAR PIE X.

C'est le 11 février 1906 que Pie X répondit à Ferrari, à Briand, à la maçonnerie universelle et aux *communions* de France et d'Italie.

Non, leur dit-il, nous ne voulons pas de cette

loi qui est la réalisation hypocrite du plan préconisé par les loges depuis un demi-siècle.

Nous ne voulons pas de cette loi qui refuse de reconnaître la hiérarchie de l'Église et ses droits sur les biens du culte.

Nous ne voulons pas de cette loi qui, de l'aveu de ses auteurs, est destinée à préparer une *évolution* de l'organisation ecclésiastique contraire aux desseins de son divin Fondateur.

« L'Église, dit-il textuellement, repose sur les évêques et toute sa vie active repose sur eux... Contrairement à ces principes, la loi de séparation attribue l'administration et la tutelle du culte public, non pas au corps hiérarchique divinement institué par le Sauveur, mais à une association de personnes laïques.

« C'est à cette association que reviendra l'usage des édifices sacrés ; c'est elle qui possédera tous les biens ecclésiastiques, meubles et immeubles... Et si la loi déclare que les associations cultuelles doivent être constituées conformément aux règles générales du culte, d'autre part on a bien soin de déclarer que si des contestations surgissent, le conseil d'État et les tribunaux seront seuls compétents... Combien toutes ces dispositions sont blessantes pour l'Église et *contraires à ses droits et à sa constitution divine*, il n'est *personne qui ne l'aperçoive au premier coup d'œil...* »

XIII. — Essais de conciliation.

Quelques-uns de nos évêques et des laïques distingués pensèrent qu'il y avait peut-être un moyen de conciliation et des accommodements avec la loi. Ils proposèrent un projet de statuts pour des cultuelles orthodoxes. Les évêques ne présentèrent d'ailleurs cet essai qu'avec tout le respect dû au Saint-Siège et en demandant sa décision.

Pie X réfléchit et pria, puis il parla une seconde fois avec fermeté et clarté en datant sa lettre, non sans intention, du jour de saint Laurent, le grand martyr qui a souffert la mort pour n'avoir pas voulu livrer les trésors de l'Église au pouvoir civil.

Non, dit-il à nouveau, nous ne pouvons pas accepter les *associations cultuelles telles que les présente la loi.* Quant à celles que des esprits conciliants ont conçues, elles pourraient être essayées, si le gouvernement nous déclarait qu'il les tiendra pour *légales*. Autrement nous ne serions pas *en sécurité*, et le gouvernement détruirait demain ces associations comme contraires à la loi.

Qu'on nous donne donc, dit-il, la liberté dans le droit commun ! Nous avons droit à mieux, mais avec cela au moins nous pourrions vivre.

Mais ce n'est pas ce que veulent les fabricateurs de cette loi injuste. Sous le nom d'une loi de séparation, ils ont fait une loi d'oppression, nous ne pouvons pas l'accepter.

XIV. — Conclusion.

La loi Briand est l'aboutissement d'une campagne menée par la franc-maçonnerie européenne depuis quarante ans.

Elle devait préparer par les associations cultuelles une réforme ultérieure, une *évolution* dans le sens d'un néo-protestantisme.

Maintes fois, en préparant la séparation de

l'Église et de l'État, les francs-maçons de marque en Italie et en France ont laissé échapper ce secret.

Nous l'avons vu. — C'est Minghetti, l'ami et le collaborateur de Cavour, qui voit dans les *associations cultuelles* le prélude de l'élection des ministres du culte et de la *réforme de l'Église dans l'ordre spirituel comme dans l'ordre temporel.*

C'est le Manuel de droit ecclésiastique d'Olmo, très répandu parmi les étudiants et les avocats, qui appuie la thèse de Minghetti et qui ajoute que la question romaine sera résolue et que le pouvoir politique du Pape n'aura plus de raison d'être, quand les Églises auront pris un caractère national.

C'est le sénateur Cadorna avec son projet de 1885, analogue au projet Briand, mais plus franc, qui donne aux associations cultuelles le droit de nommer et de révoquer les ministres du culte.

C'est la thèse du professeur Brusa qui prévoit que les associations cultuelles conduiront à des Églises nationales.

Le ministre Costa, le professeur Scaduto, le sénateur Piola, sont d'avis qu'il faut procéder *par étapes* pour que la *conscience juridique* des fidèles ait le temps de se former.

Briand aussi voulait la former en commençant par des associations anodines en attendant *l'évolution* des idées.

Contentons-nous, disait Minghetti, *d'ouvrir la porte* et d'organiser *un point de départ*. Tâchons que les croyants ne regardent pas notre projet comme *insidieux*.

Mon projet, disait Briand, n'est pas *un piège*.

Vraiment tous les maçons se ressemblent.

Pie IX a brisé le projet de Minghetti par le Syllabus.

Léon XIII a fait avorter le projet de Cadorna par l'Encyclique sur la Constitution chrétienne des États.

Pie X a empêché les effets de la loi insidieuse de Briand par l'Encyclique du 11 février.

C'est une bataille serrée où se joue la vie de l'Église.

Quelques catholiques ont essayé d'empêcher l'action de Pie X ; mais, dans des circonstances si graves, l'assistance de la Providence ne pouvait pas lui manquer, c'est lui qui a gagné la bataille.

L'Italie catholique est plus vaillante que nous sous beaucoup de rapports.

En politique, il est vrai, elle a faiblement lutté pour l'indépendance du Pape, la grande unité nationale était si séduisante !

Mais dans la vie sociale, elle se porte à la défense de tous les points attaqués, et elle fait reculer la franc-maçonnerie. Tous les projets de séparation de l'Église et d'organisation de sociétés cultuelles ont avorté depuis quarante ans.

Un projet de loi sur le divorce a été écarté grâce à une levée de boucliers formidable de tous les groupements sociaux, des paroisses, des corporations, de la presse, des familles.

Aujourd'hui, la franc-maçonnerie a mobilisé son armée contre un autre rempart de l'Église, l'enseignement chrétien.

Tous les catholiques se portent vers la brèche. Cent mille pétitions arrivent au Parlement. Les députés sont assaillis de lettres, de dépêches, de prières, de menaces. Des meetings paroissiaux innombrables envoient leurs injonctions ou leurs défis aux députés de leur région.

Le général en chef des assaillants, le grand

maître de l'Ordre maçonnique, Ettore Ferrari, voyant la bataille compromise, vient de lancer à ses troupes, aux députés maçons, cet appel suprême :

MAÇONNERIE ITALIENNE

CABINET DU GRAND MAITRE

Rome le 12 février 1908.

ILLUSTRISSIME ET CHER FRÈRE,

Dans l'imminence de la discussion sur le projet de loi Brissolati, laissez-moi vous rappeler ce que je vous écrivais déjà le 23 février de l'an dernier, et vous exhorter à voter, *selon votre programme*, pour l'école absolument et *intégralement laïque*.

Dans la confiance que vous accueillerez mon conseil, agréez mes saluts fraternels.

Le Grand Maître,

ETTORE FERRARI.

(Cité par le *Corriere d'Italia*, 25 fév. 1908.)

Les catholiques d'Italie l'emporteront encore cette fois, mais les assauts se renouvelleront, toujours conformément au *programme*.

La circulaire montre que c'est la franc-maçon-nerie qui a préparé cette campagne depuis un an déjà, conformément à son programme.

La lutte se continuera, mais puisque nous sommes avertis, combattons vaillamment, par la presse, par les réunions, par toutes les démons-trations possibles.

Réclamons la liberté de l'enseignement chré-tien, la liberté entière du culte catholique avec la propriété de ses biens, la liberté de la vie religieuse.

Répétons sans cesse que l'État, comme les indi-vidus, doit respect et honneur à Dieu, et qu'une nation où il y a tant de catholiques doit s'entendre avec le Saint-Siège, pour le bien des deux pouvoirs, pour donner la paix aux âmes et pour favoriser la morale publique qui est si avantageuse à l'État lui-même.

Le cycle des épreuves n'est pas clos. La secte voulait mettre en lutte les laïques et les prêtres, pour préparer la désorganisation de l'Église. Pie X a déjoué ses projets, elle se vengera.

Briand et ses successeurs achèveront de nous dépouiller. Les églises nous seront enlevées, elles seront mises à la disposition des communes. Pour en garder une partie à notre usage, il faudra les louer.

D'autres vexations viendront encore, mais Pie X a sauvé notre unité morale et notre hiérarchie divine, ce qui vaut mieux que tous les biens matériels.

APPENDICE

Nouvelles révélations

La clef du langage maçonnique

Un livre important sur la *Maçonnerie*, intitulé *Mazzini, Maçonnerie et Révolution*, a été publié en allemand par Gruber en 1901 et traduit récemment en italien. Il est tout entier basé sur des documents positifs : les Œuvres de Mazzini en 18 volumes (Milan, 1891), et la *Revue de la Maçonnerie italienne* (1880-1900), revue réservée aux initiés, mais que l'auteur a pu se procurer.

Il établit d'une manière péremptoire :

1° L'action directrice de Mazzini sur le plan maçonnique italien et universel ;

2° L'unité maçonnique ;

3° Le programme maçonnique, politique et religieux ;

4° Le sens spécial, ou la clef du langage maçonnique.

Reprenons ces quatre chefs :

I. — *L'influence dominante de l'idée mazzinienne.*

Mazzini, né en 1805, est sectaire dès l'âge de seize ans. Il est carbonaro en 1827. Il fonde en 1831 la Jeune Italie, puissante association révolutionnaire, qui imposera peu à peu son programme à la franc-maçonnerie, inféodée jusque-là aux traditions monarchiques et voltairiennes.

De 1833 à 1837, Mazzini étudie et développe son programme. Son séjour en exil à Londres et à Genève lui donne occasion d'élargir son plan et de l'étendre à toute l'Europe.

Il fonde en 1834, à Genève, la Jeune Europe. Il établit à Londres en 1850 un Comité central démocratique européen. En 1866, il fonde l'Alliance républicaine universelle. (Voir ses *Œuvres*, tomes IX et XIV.)

Son programme est fixé depuis 1833 et, comme

nous le verrons, il passera à ses successeurs, les chefs de la maçonnerie italienne, jusqu'à nos jours et il s'imposera finalement à la maçonnerie universelle. Son plan est de « faire de la *troisième Rome*, la Rome du peuple, l'initiatrice d'une réforme religieuse et politique du monde entier, avec une confédération de républiques, où Rome aurait la primauté ».

Dès 1860, ses idées faisaient des progrès dans l'ancienne maçonnerie italienne. Une réunion générale des Loges italiennes à Turin, en 1860, acclamait encore « un dieu personnel et la monarchie modérée ». Le nouveau ferment fit éclater les cadres. Le Grand-Orient d'Italie se disloqua en 1861. Quinze Loges seulement survécurent aux 77 qui existaient, et elles adoptèrent les idées mazziniennes. On en fonda d'autres qui entrèrent dans la même voie.

Mazzini envoyait de Londres ses conseils aux Loges les plus importantes de Florence et de Palerme. Il recommandait à ses amis « l'union et la réorganisation de la maçonnerie italienne, comme société d'action, conformément à *son programme* ». (*Œuvres*, tome XV.)

Depuis 1870, les deux hommes les plus

influents de la maçonnerie italienne ont été Adriano Lemmi et Ernesto Nathan. Le premier était l'intime ami de Mazzini ; le second est, au dire de tous, son propre fils.

Lemmi a été grand maître de 1885 à 1895. Nathan lui a succédé.

Dans la *Revue de la maçonnerie italienne*, Lemmi est appelé « le disciple de prédilection de Mazzini » (1892, p. 236). Il est aussi appelé le « Banquier de la Révolution ». Il a souvent aidé Mazzini et Garibaldi.

Nathan a succédé à Lemmi en 1895. Il est juif et on sait qu'il est fils de Mazzini. Mazzini a vécu à Londres chez madame Nathan. Il l'a ramenée en Italie. Elle l'a soigné jusqu'à sa mort et elle a élevé *leur fils*, Ernest Nathan.

Le peuple italien, qui sait cela, acclame Nathan, quoique juif, parce qu'il est le fils d'un des héros de l'unité italienne. On l'a fait maire de Rome.

Hector Ferrari, ami intime de Nathan, lui a succédé comme grand maître en 1900. C'est une dynastie.

Que Mazzini soit le chef intellectuel de la maçonnerie italienne, c'est un fait éclatant.

C'est plus clair que le jour pour les lecteurs de la *Revue* maçonnique.

Mazzini a été nommé grand maître honoraire de la Maçonnerie italienne. (*Revue*, 1900, p. 93, 248.)

Il est souvent appelé son *principal chef intellectuel*, le *génie le plus sublime* et le plus organisateur de l'Italie nouvelle, le grand *apôtre et éducateur*, le *plus grand des Maîtres*, le grand *réformateur* des peuples. (*Revue*, 1900, *passim*.)

Son programme est le *phare lumineux*, l'*idéal radieux* de la Maçonnerie. (*Revue*, 1901.) C'est la conception directrice des temps modernes.

Mazzini et Garibaldi sont les deux *Étoiles* les plus brillantes. Garibaldi est le bras, Mazzini est la tête. (*Revue*, 1891, 1901.)

Mazzini est l'*émule du Christ*. Trois hommes ont été des *fondateurs de civilisations* : Socrate, Christ, Mazzini. (*Revue*, 1894.)

Mazzini est le chef, nous dirons tout à l'heure son programme.

Le chef, le nouveau *Messie*, a maintenant sa fête annuelle. Le 10 mars, jour anniversaire de la mort de Mazzini, toutes les Loges commémorent le Grand Penseur, avec un souvenir pour tous les maçons défunts.

La fête eut lieu ces jours-ci au Capitole, qui est maintenant une succursale des Loges. Nathan présidait, entouré des principaux personnages maçonniques de Rome. Il tint ce discours :

« Honorés collègues, il n'est pas opportun de vous parler longuement aujourd'hui (*intelligenti pauca*). Nous pouvons matérialiser nos sentiments (*sic*) en déposant au pied de l'effigie du *Grand Penseur* une couronne de lauriers. Mais pour honorer dignement Mazzini, qui, à la période épique du Relèvement, est entré par la porte du Peuple, s'agenouillant et adorant Rome, il n'y a qu'un moyen, c'est de nous efforcer d'élever la Rome du peuple, *selon la pensée du maître*, à ces sommets où elle devra être le centre et le cœur de la *troisième Italie*, missionnaire une troisième fois de la civilisation parmi les nations. »

Le conseiller Mazza, au nom du groupe républicain, a dit aussi son hymne de louanges : « Notre groupe veut que je dise sa pensée dans cet anniversaire du *plus grand penseur* italien du XIXe siècle. Mais les sentiments profonds ne s'expriment pas en paroles inutiles. Je rappellerai seulement la pensée et l'œuvre du *Maître*. Il a voulu la reconstitution de la patrie, non pas comme une fin en elle-même, mais comme un moyen pour *un but plus élevé*. L'unité ne tendait pas seulement à refaire une Italie géographique, mais la constitution d'une Italie, *initiatrice d'une nouvelle civilisation*. Mazzini a réalisé la première partie de son programme. A nous incombe le devoir d'accomplir cette éducation de la grande âme italienne. »

Les deux augures ont acclamé le prophète, sans révéler le programme secret, sauf par quelques mots que les initiés seuls auront compris.

II. — *L'unité maçonnique.*

Nous l'avons déjà démontrée. Le livre de Gruber la fait également ressortir.

Elle est inscrite en tête de la Constitution générale de la Maçonnerie italienne :

Art. 2. La Maçonnerie est *une* ; mais elle se distingue en communions nationales, qui sont alliées et solidaires dans le même idéal et le même but sur toute la surface du globe. (Gruber, p. 214.)

Lemmi, dans le *Bulletin maçonnique* de 1885, faisait cette déclaration : « Nous avons depuis trois ans réalisé la plus intime fraternité et solidarité avec toutes les puissances maçonniques du monde... Les Maçons italiens sont la sentinelle qui veille, l'avant-garde qui combat. Le monde entier nous regarde pour recevoir le mot d'ordre de l'avenir. » (*Revue*, 1885.)

Au conseil de l'Ordre en 1891, Lemmi répète que « les rapports de la Maçonnerie italienne avec les autres sont excellents et qu'on travaille partout pour le même but ».

Dans un discours aux Maçons de Venise, il disait en 1892 : « Tous veulent la même chose, à Paris, à Berlin, à Londres, à Madrid, à Calcutta, à Washington. Nous sommes les catholiques de la raison ». (*Revue*, 1892.)

En 1890, encore, à propos d'une démonstration en l'honneur de Giordano Bruno, il avait dit : « La Maçonnerie universelle a compris et nous suit. Au nom de Rome, nous avançons sur la voie qui doit nous conduire à l'entière conquête de l'idéal humain. » (*Revue*, 1890, p. 3.)

III. — *Le programme maçonnique, politique et religieux.*

Mais quel est cet idéal humain ?

Mazzini a un programme complet, politique, religieux, économique, social.

Il a formulé d'abord son programme politique. On le trouve exposé dans ses œuvres au tome V : « Rome et l'Italie ont la mission de présider à la formation d'une nouvelle carte d'Europe et au renouvellement des conditions sociales et politiques du monde entier... La Troisième Rome, celle du monde émancipé, sera à la tête d'une nouvelle civilisation, comme la Rome des Césars et celle des Papes ont présidé aux civilisations précédentes... La République latine formera avec les autres une fédération universelle... Nos principes, disait-il, conduiront là inévitablement. Si l'on forme une Italie monarchique, une autre révolution la défera peu d'années après. » (T. I, p. 110.)

Son principe religieux est plutôt négatif que positif. Souvent il prononce le nom de Dieu, mais son Dieu est inerte au ciel ou bien il est le dieu des panthéistes, qui s'incarne dans l'humanité. « Notre idéal, dit-il, notre formule c'est : un seul maître qui est Dieu ; une seule loi, le progrès ; un seul interprète de la loi de Dieu sur la terre, le peuple, et pour chef la vertu et le génie. »

C'est assez clair, on laisse Dieu au ciel. Le peuple est tout, il déterminera la loi du progrès ; mais le peuple lui-même a pour guides les hommes de vertu et de génie, c'est-à-dire les chefs de la franc-maçonnerie. (T. VII et XVIII.)

« Dieu, dit-il, s'incarne successivement dans l'humanité. Dieu est Dieu et l'humanité est son prophète. L'humanité est le verbe de notre temps. L'époque chrétienne est close. L'Église et la papauté ne représentent plus que des fantômes, des cadavres d'autorité... La vieille Europe est mourante. La condamnation de la papauté, de l'empire, de la monarchie et de l'aristocratie ressort de toutes les aspirations de notre époque. » (T. V.)

Ces affirmations sont devenues le *Credo* de toutes les sociétés maçonniques italiennes. La *Revue de la Maçonnerie* les répète sous toutes les formes.

« Dieu, dit-elle, est un problème insoluble et d'un intérêt purement spéculatif. La foi d'un Maçon, c'est l'amour de l'humanité et du progrès ». (*Revue*, 1894, p. 261.)

« Les Maçons italiens, comme les français, dit souvent la *Revue*, ne connaissent qu'une religion, celle de l'humanité et de la patrie. » (*Revue*, 1885, p. 26, etc., etc.)

Le programme économique de Mazzini est relativement modéré. Il regarde Marx comme un utopiste, et il attend le relèvement du peuple « de la substitution du système d'association du capital et du travail et de l'équitable participation à tous les produits et fruits du travail, à l'actuel système des salaires ». (T. XVI, XVII.)

Mais ce qui importe plus à notre thèse, c'est son programme général d'action pour réaliser son idéal. Nous allons y retrouver le même plan, qui apparaît à chaque page de cette brochure.

Les étapes seront l'instruction laïque, le divorce, la suppression des ordres religieux, la séparation de l'Église et de l'État, pour arriver à la pleine abolition de tout catéchisme et de toute instruction religieuse. Le livre de Gruber nous montre les Œuvres de Mazzini et la *Revue maçonnique* développant ce programme officiel et y revenant sans cesse.

En 1886, une circulaire de Lemmi ordonne à toutes les Loges de se partager en commissions pour travailler à ces diverses parties du programme : la laïcisation des écoles, celle des œuvres pies, la suppression des corporations religieuses et la laïcité entière de l'État...

Tout cet ensemble est devenu l'idéal de la maçonnerie universelle, mais il ne se révèle que prudemment et il est exprimé dans une langue qui n'est comprise que par les initiés.

IV. — *Le sens spécial ou la clef du langage maçonnique.*

Il y a de beaux mots qui reviennent souvent sous la plume des francs-maçons agissants, mais ils ont un sens spécial pour les initiés. Il faut connaître leurs hiéroglyphes.

L'humanité est un beau mot. Au sens concret, c'est l'ensemble des hommes, tous frères et enfants de Dieu par la création ; au sens moral, c'est une vertu, qui dérive de cette fraternité universelle. Mais pour les initiés, l'humanité, c'est le monde nouveau, animé de l'esprit maçonnique. C'est Dieu incarné. « Nous croyons dans l'humanité, dit Mazzini, être collectif et continu, unique interprète de la loi du progrès. » (T. V, p. 181.)

Le *peuple*, c'est encore Dieu en son messie. Le peuple remplacera la papauté. « Dieu appelle le peuple à se lever et à fonder la nouvelle unité dans les deux sphères du domaine temporel et spirituel. » — « Renversez le faux prophète qui profane la cité de Rome et écrivez sur les portes du Vatican : « Nous n'avons qu'un maître au ciel qui est Dieu (leur Dieu), et un seul interprète de ses lois sur la terre, qui est le peuple. » (T. VIII, p. 118 et 129.)

La *liberté*, pour nous, c'est le pouvoir de choisir le bien et de l'accomplir en servant Dieu. Pour eux, la liberté ne va pas loin. Elle ne s'étend ni à l'ordre politique, ni à l'ordre religieux, ni à ce qui s'y rapporte. « La liberté d'enseignement détruit toute unité morale. Le pacte national déterminera le système d'éducation publique, commune et obligatoire. La conscience nationale ne peut sortir que de l'éducation nationale. La liberté ne commence qu'au delà de cette conscience. » (T. XVIII, p. 100.) Ainsi, il y aura une conscience nationale formée par un enseignement commun, déterminé et obligatoire. La liberté commencera... au delà. Il n'en restera guère. Nous, nous appellerions cela tyrannie.

Le *progrès*, pour eux, c'est leur triomphe et leur autocratie : Un seul maître, Dieu (nous savons lequel) ; une seule loi, le progrès ; un seul interprète de la loi de Dieu sur la terre, le peuple, conduit par les hommes de vertu et de génie (les lumières de la franc-maçonnerie).

Dieu, ils en parlent souvent, mais, pour eux, c'est un mot. « L'existence de Dieu est un problème insoluble, dit la *Revue*. Notre foi, c'est l'amour de l'humanité et du progrès (le leur). *Dieu et le peuple*, disait Mazzini. Cette formule, dit la *Revue*, les athées et matérialistes ne l'ont pas discutée, parce qu'ils connaissaient la pensée du maître... Pour nous, Dieu, c'est la nature. » *Revue*, 1885, p. 26 ; 1885, p. 52). Cent autres citations ne nous en apprendraient pas plus. Eux-mêmes nous disent qu'il faut savoir, sous les mots, interpréter la pensée du Maître.

La *République*, pour eux, c'est la seule forme légitime de gouvernement. « Vous n'avez de maître que Dieu au ciel (quel Dieu ?) et le peuple sur la terre. » (T. XVIII, p. 89.) Bien entendu, c'est toujours le peuple conduit par les lumières maçonniques. Ils appellent « lumières » tous leurs dignitaires.

La *Démocratie* n'est pas comme pour nous un régime politique où le peuple a une large part. Pour eux, c'est le règne de la Maçonnerie. « Faisons en sorte, dit Lemmi, que nos Frères aient, le plus possible, voix et autorité dans les écoles, les administrations, le parlement et jusque dans les plus hautes cimes du pouvoir... La Maçonnerie est l'armée de la Démocratie, c'est à elle à combattre les batailles de la civilisation et du progrès... » (*Revue*, 1892, p. 221.)

La *laïcité* de l'État, pour eux, c'est l'abolition de la religion, de ses lois, de sa pratique.

Nous avons vu ce qu'ils appellent laïciser l'enseignement. Il faut, ajoutent-ils, laïciser la famille (par le divorce) ; la bienfaisance, par l'expulsion des couvents ; la femme, par les Loges féminines ; le crédit et le travail, par des banques et des coopératives maçonniques, en atten-

6.

dant la proscription absolue du christianisme. (Gruber, p. 95 et la *Revue* en cent endroits.)

La *rénovation* et l'*évolution* sont des mots à la mode, bien choisis pour tromper les naïfs. Chacun y trouve le sens qu'il veut, et ces mots font fortune. Pour les Maçons, la rénovation et l'évolution vont jusqu'à cette laïcité absolue dont nous venons de parler.

Enfin la *troisième Rome*, c'est l'expression chère au sphinx maçonnique. Le mot est heureux. Rome a eu deux périodes de gloire : l'Empire césarien et la Papauté. Elle en aura une troisième, ce sera le règne de la Maçonnerie : règne politique par la fédération universelle des républiques avec la primauté de la République latine où les lumières de la Maçonnerie seront arrivées à la cime du pouvoir ; — règne intellectuel ou théocratique, par l'idéal maçonnique imposé à tous dans l'enseignement obligatoire. Rome sera toujours la ville sainte, mais son pontife ne sera plus le Pape, ce sera le Grand Maître élu de la Loge suprême. — Nous, nous appellerions cela l'Antéchrist.

Le poète de la franc-maçonnerie, Carducci, un 33ᵉ authentique, a déjà chanté ce triomphe :

Salute, o Satana, o Ribellione,
O forza vindice della Ragione !
Sacri a te salgano gli incensi e i voti,
Hai vinto il Geova dei sacerdoti.

Salut, ô Satan, ô Révolte, ô force vengeresse de la Raison ! L'encens sacré et les vœux montent vers toi, tu as vaincu le Jéhovah des prêtres.

TABLE DES MATIÈRES

Deuxième Partie : EN FRANCE

Appendice

Imprimerie E. Aubin. — Ligugé (Vienne).

www.ingramcontent.com/pod-product-compliance
Lightning Source LLC
LaVergne TN
LVHW021748170726
843503LV00004B/1764